JUMP COMICS

YU-GI-OH!

遊☆戯☆王

ゆうぎおう

牙(きば)を持(も)つカード

たかはしかずき

高橋和希

《MAIN CAST》
本編の主人公。いじめられっ子だったが「千年パズル」を解いたことから、闇のゲームを受け継ぎ悪を裁く〝正義の番人〟となった。
武藤遊戯

城之内
▶不良っぽいが、心は優しい。男の友情を守り抜く、熱血漢野郎。
真崎杏子
▶遊戯の幼なじみ。勝気で男まさりだけど、とってもCな女の子。
武藤双六
▶遊戯の祖父。亀のゲーム屋・主人で、ゲームにやたらと詳しい。
本田
▶城之内の友人。ぶっきらぼうだが根は純情で、男気あふれるヤツ。
謎のエジプト人
◀今巻の後半より登場する重要なC。その正体とは!?

Vol.2

【もくじ】

え〜〜っと
地図によると
この辺なんだけど
よ——

城之内
オレら
どこつき合わそー
ーってんだ？

ま
いーじゃないの…
どーせヒマ
してんだろーが…

お…
この路地の
先だぜ！

遊闘8　毒の男

なんか
あやしそーな
所だね〜〜〜…

これから
いくトコはよ
マニアの間じゃ
ちと知られてる
とこでよ…

噂じゃ
そのショップの・
オーナーも かなり
キレてるらしいんだ

おーー
ここだ！
ここーー!!

ジャンキー
スコーピオン！

JUNKY SCORPION

あやしすぎる
——!!

ここにあるんだぜー
オレの探してる
グッズがよー！

遊闘(バトル)8　毒(どく)の男(おとこ)

エア・マッスル!
ま まさしく
本物だぜー!!

BAAAAN!

あんたみてーに
このスニーカー
ほしがる奴ぁ
星の数ほど
来るがよ…
だが オレも
そこらのガキにゃあ
売れねえ…
資格ってやつが
必要なんだよ…
このスニーカーはく
資格がな！
今じゃ
自分だけの
所有欲が満たせりゃ
金も惜しまねぇ
連中がわんさか…
時には
人の命もね…
現にオレの
はいてる
スニーカー
アメリカじゃ
こいつをめぐって
殺人事件が
あったくらいよ…
ははーーっ
マニアな御意見
ごもっともで
ございますがねー！
売るのか
売らねぇのか
どっちなんだよ！
そーだな…
フフフ…
あんたの資格を
ためすために
ちょっとした
ゲームをしよう…
ゲーム…
…!?
このサソリ！
アクセサリー
なんだが…
毒も抜いてねぇ
本物よ！
こいつを
このスニーカーの
中に入れる…
な…
なに!!
さあ……
この中に足を
入れる度胸が
あるかよ！

資格だかなんだか知らねーけど
オレ達ゃ電撃ネットワークじゃねーぜ！
ダダダダダン

ゴゴ

城之内くん…そんなゲームやめた方がいいよ！危険だもん!!
城之内！オレのくつやる!!
……

でも…オレずーっとコレほしかったんだぜ!!

ダァーーッ！男見せてやらぁ〜〜〜!!

スポ

パチパチパチ
フフ…合格だよ…
ヒヒ
実はサソリは入っちゃいねーよ
入れるフリをしただけさ……
そんなスニーカーを汚すよーなことするワケねーだろ！

やった──!!

おいおい…

それと ひとつ
忠告がある

今 街で
そいつは いてると
少々危険でね…

マッスル・ハンター
なんていう
バカ共が
レア物狙って
うろついてるって
噂があってね…

マッスル・ハンター!!!

素足にされないよー
せいぜい気を
つけることだ！

フフ…

だけど 晴れて
エア・マッスルは
オレのモノだぜー！

前のくつは
穴があいてた
から処分
したぜー

くつごときに
命をかけたバカとして
永遠に語りつがれる
ことだろーー！

よかったねー
城之内くん！

このミッドソールの
軽いクッション!!

最高の
フットギア
だぜー!!

ったく
ガキじゃねー
んだから…

いっしょに
歩いてて
ハズかしいぜ…

今ってスキップって
子供でもやらないよね…

おい
これから
どーする…

どっか
ハンバーガーでも
食べに行こーよ！

へへ……
ダッ
ダッ
ダッ
…!

な…
イイイイイ
イヤッ!!!
なんだ
てめぇらぁ!!
!!

ガッ
が…!!
ぐっ…

遊戯(ゆうぎ)!
本田(ほんだ)あ!

ドッカッ
チェストおお!

このスニーカーがね……
お前(まえ)にゃはいてほしくねえって…
ヒヒ…

てめえ…

アチョーッ
ドバキ
キャハハ〜
ヒャホ〜〜〜イ

このスニーカーはもらっていくぞー
素足でお家に帰んな！ハハ――ッ
ギャハハハハハ

ぐ…

城之内…
おう…
遊戯大丈夫か…
いててて……

ちっ…
三百メートルくれーしかはいてなかったんだぜー　エア・マッスル！
やつらだぜ…ハンターてのは……

遊戯…悪かったな…
オレのまきぞえ喰っちまってよ…
ううん…ボク大丈夫…

遊戯お前ひとりで帰れるか？
え…!?
城之内くんと本田くんは…？

当然――

リベンジ!!!

オレは決めたぜ
あのスニーカー
もう一度はくまで
家には帰らねーぜ!
オレは金とケンカの
貸し借りだけは
ウルさいんだ!!
ボクも
行くよ…
足手まといに
なっちゃうかな…
遊戯…

お前
男だぜ!
よし
行こーぜ!

右
行ったよなー
遊戯!
ただしー
ケンカは
オレらに
まかせろ!
ケンカの仕方
よーく見て
勉強しとけー
うん!

ギャハハハハハハ
GAME
GAME
カラオケ
¥980

へっへっへっちょろいもんだぜ――っ!
金も入ったことだしゲーセンタイムといこうぜ!!
ガガガ
ドドーン
ピピ

ケ――ッ チキン攻撃ーッきたねーぞ!
かーっかっかっ!
勝ちゃいいんだ勝ちゃあ――

ン…

!!

オレ達ゃよ うしろからなんて こすいマネ しねーぜ！

正面向けや…… コラ！

ボコ☆

!!

ヒ… や…や……

や…やめろ… …マジ… 鼻おれた…

てめぇらの おかげでよ…

オレ達に
ケンカ売るなんざ
十年早いぜー
ダボがぁあー!!

ぐわきっ…

キョ〜〜〜〜レツ!!

スゲ…

さあて…

スニーカー
返してくんない
かなー――

オ…オレら
持ってねぇよぉ
……

たのまれてんだよ〜〜

いつものコトでさぁ〜

あーっ

たった一人あたま
三千円さ〜〜

こんな金
ゲーセンじゃ
一時間と もたねー
額だろ…

あいつだよ〜

ショップの
オーナー…

な…

!!

なるほどあんたにとってスニーカーは金もうけの道具にすぎないってワケか…

な…なんだお前！

「クローズ」の看板が見えねえのか!!

オレの友達のスニーカーを返してもらおうか！
あんたがハンターどもにスニーカーを奪わせていたことは　もうわかっているんだぜ！
！

く……
く…くそ…この小僧…！
秘密をにぎられたからには店から出すワケにはいかなくなったぜ…

え…!?何のコト…
君の友達のスニーカーだって…？
ウ～～ン
……
あ……
あれ～？何だコレ！
いつの間にかボクの手の中に～～～～!?

悪かったよ……
さあ受けとってくれ！
さあ
手を出した瞬間に　お前が手にするのは…コイツの猛毒というワケさ…

おかしいなぁ…
ハハ…
ククク　こいつの中にサソリを入れておくぜ…!!

ゴソ

フフ…
手を近づけろ！もっと…！
ン
!?

ジャラ
ン★
!!

な…なんだ！スニーカーの中にコインなんか入れて何をする気だ!!

ゲームさ！あんた流にいうなら資格をためすゲーム!!
だが今度は本当にそのスニーカーの中にサソリが入っているハズだ！
っ……!!

ルールは簡単！このスニーカーの中には十枚のコインを入れておいた　それらのコインをサソリの猛毒をかいくぐり交互に抜き出していく！
多くのコインを取った者の勝ちとしよう！

!!
なんだ…この小僧は……!?

く…
スニーカーの口がまるで人喰いザメの口のように見えてくるぜ……
なら オレからいくぜ！

ゴ
…………
ゴ

フー
まずは一枚…

けっ…まったく主人想いじゃねえペットだぜ!
オレの番か…

まさか飼い主の手をかむようなマネはしねぇよな…
ドキ
ドキ
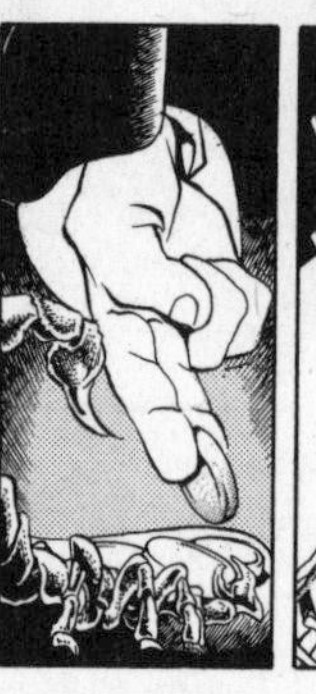

フー
いい子だ!
たしかにコインを一枚抜き出すのも命がけのゲームだぜ………

くそ…このゲームに勝って…小僧から──
大金をまきあげる方法…
だがチンタラチンタラ一枚一枚じゃラチがあかねぇ!
一度にすべてのコインを手に入れる方法……

フー

あるんだな…これが…!!
くくく

さあて——
次はオレの番だが
ひとつ質問するぜ！
このゲーム
スニーカーに手を入れて
コインをつかみ出しさえ
すれば 他はなんでも
許されるんだな！
ああ
そうか…
——それなら
ヒャハァァァァ
こーゆうのも
アリだよな！
ズドッ
コインを
すべて
ひと握りだ
ぜ——!!
ガシッ
かわいそーだが
ペットの
サソリちゃんを
ブッ殺して——
！

ハハー
このゲームはオレの勝ちだ!!
小僧
金は払ってもら……!!
どうかな?
その賭けは少々危険すぎるようだぜ!
欲をだして一度にコインをつかみだそうとしてこぶしを握ると…
ほら…
ア…アレ…!?
て…手が抜けねえ!!
グググ
——そして果たしてサソリは死んでいるのか…
ガサガサ
ガサゴソ
こ…この音……!!
このはい回るような物音は…まさか……!?
!!

闇のゲームは心の弱い者が負けるのさ！

あんたにスニーカーやペットへの愛情があったならゲームの行方はわからなかったハズだぜ！

GAME OVER

でも遊戯…

お前ひとりでスニーカー取り返してくれたんだもんな……

ホホ……
これがアメリカで
すごいブームになった
カードゲーム…

マジック&ウィザーズじゃ!

へー

日本でも
密かに流行
してるらしいよね!

遊闘9

牙を持つカード《前編》

トランプなどと違うところはホレ…いろんな絵が描かれておるじゃろ！
何千もの種類のモンスターや魔法のカードがあるんじゃ！
ヘルバウンド
攻撃力 500
守備力 200
攻撃力 600
守備力 600
攻撃力 800
守備力 500
デーモン
攻撃力 2500
守備力 1200

へーーっ絵がすごくキレイだね！
中にはグロテスクなものもあるけど……

へーーでもこれどーやってプレイすんだ？
メンコみてーなゲームかな…

これはトレーディングゲームっていう…
つまりカードの交換ゲームなんだ！
二人でプレイするんだけどお互い一枚のカードを賭け合って負けると相手に取られちゃうんだよ！

ルールはね プレイヤーは お互い魔法使いっていう設定で手持ちのカードの魔法の力やモンスターをうまく利用して戦うんだ！
カードにはそれぞれ攻撃力や守備力なんかがあって
先に相手のライフポイントを無くした方の勝ちさ！
キャラクター名称
魔法のランプ
レベル
イメージイラスト
攻撃力 400
守備力 300
攻撃力・守備力（プリズムで正面からのみ見える）

当然 カードによっては 力の強いもの 弱いものが あるんだよ！
でもよー 何千種類も あるもの集めて たらキリねーぜ！
アメリカじゃ 家一軒売って カードに替えた マニアもおるそうじゃ！
実は じーちゃんも マニアで すごいカード 持ってるんだよ！
ね！
すごい カード…!?
ホホ……
しょうがないの… ちょっとだけ 見せてやるか…
ワシの 宝物じゃ！

コレじゃ!!
青眼の白竜
攻撃力
守備力
これは「青眼の白竜」というカードでの…
あまりの強さのために すぐに製造中止になって しまったという マニアなら のどから手がでるほど ほしがる超ウルトラ級 レアカードじゃ！

へー なんかそう いわれると おごそかな感じが するわねー
きっと 高く売れるん だろーな！
よーし 遊戯！
オレ達も 明日 学校で マジック＆ウイザーズ をやろーぜ！
うん！

じーさん
オレもカードを買うぜ！
なるったけ強いカードが入ってそうなのくれよな！
カラン☆
へへ…私も買っちゃった！
こればかりはあけてみないとわからんでな…ホホホ——
お！コレなんか強そうじゃん！
どれどれ…
まいどあり〜〜
いらっしゃ〜〜い
ン…
おや……!?
へ——
このゲーム屋遊戯ン家だったのか

おいおい
よしてくれよ!
その資格
あるのかなぁー
君たちに……
ちょっと
君のカードを
見せてみな…
……

ハハ〜〜〜
ダメだね!
てんで初心者!
ボクの相手には
ならないよ!
クソカード
ばっか!
あ!テメ
ヒトのカード!!

ボクはね……
このゲームじゃ
全国大会で優勝を
争うほどの腕な
ワケさ!
ボクの集めた
強力カードに
たちうちできる
ハズないだろ!

ま…
最低でも
一万枚集めてから
声をかけてくれよ
フフ……
いいよ…
城之内くん
ボクらで
遊ぼう……
くそー
すげー
ムカツク!
ケンカなら
負けねーぞ!

じーさん
こんな店でも
まともなカードは
あるのかい?
ま
買っていって
やるかな…
ハイハイ
まいどー

ン……

な……
なにいいいいい!!
こ…こ…このカードは
幻の「青眼の白竜」!!!
じ…じーさん
こ…このカードは一体…!
なぜこんなところにあるんだ!
ホホ
手にとって見せてくれ!!
見るだけじゃよ…

はい
おしまい!
あ…!
く…
じーさん!
その「青眼の白竜(ブルーアイズ・ホワイト・ドラゴン)」カード一枚(まい)を……
!!
アレま…
これ全部(ぜんぶ)と交換(こうかん)してくれ
スゲーっ!
トランクケースにカード ギッシリ―!!
ホホ…
ダメ
断(ことわ)るジーさんももっとスゲ――ッ!!
!!
く……
どうしてもダメか…
たしかに……ボクでも交換(こうかん)しないだろうぜ…
このジジイカードの価値(かち)を知っていたか……!!

このカードはアメリカに住んどったゲーム仲間だったワシの大切な友人からゆずり受けたものでの…
つまり…このカードはその親友と同じくらい大切なものなんじゃ！手離せるハズなかろう！
他の弱いカードとて同じ……
そして本当に大切な宝物には〝心〟が宿るんじゃよ！このカードにもの！
何物にもかえられない〝心〟がの！
だから海馬くんもこのトランクケースいっぱいのカードを一枚一枚大切にしてあげることじゃ！
このゲームの本当の〝強さ〟とはそーゆうコトなんじゃよ

- プレイヤーは二人それぞれの手持ちカード40枚を用意する
- プレイヤーのライフポイントは2000点
- 交互に自分の山からカードを一枚引き「攻撃」か「守備」のどちらかを選択する
- 攻撃力・守備力のポイントを競い相手の攻撃を防げなかった場合、そのポイント一分がプレイヤーのライフポイントに加算され0になった者が、負けとなる

やった――
ボクの勝ちだ――
くそー
ライフポイントが
0になっちまった
ぜ――！
オレの負けだー!!

城之内
弱ーぞ！
ハハハ――
まいったぜー
いかんせん
カードが
弱くてよー
もっと
強いカード
手に入れなきゃ
ダメだぜー！

フ…
なんてレベルの
低い戦いなんだ…
これなら全国大会の
小学生の方が
百倍強いよ！

遊戯くん！
あ
海馬くん！
フフ…
このゲームは
まわりで見ていても
楽しいね
！

ところで……
ひょっとして
そのカバンの中には
「青眼の白竜」カードが
入ってるんじゃ…
これは
ボクのカバン
だけど…

まいったなー
よくわかったね
――！
実は昨日
じーちゃんに
無理いって
一日だけ貸して
もらったんだ！
ゲームには
使わない
条件でね！

よかったら
もう一度
見せてもらえない
かな――？
昨日そのカードを
手にしてからというもの
興奮して夜も
眠れないほどでね！
それに
――

昨日のおじーさんの
一言がボクに
気付かせてくれたんだ
カードを
愛する気持ち
をね！

う～～ん
やっぱり
いつ見ても
美しいカードだ！

うん
いいよ！
見せて
あげるよ！

ドク
ゴゴ

フフ……
カタログから
カラーコピーをして
本物そっくりに
仕立てた ボクの
「青眼の白竜」カードと
すり替えて!!

ありがとう
遊戯くん
なんか そのカードを
手にしたら さらに
このゲームへの愛情が
深まった気がするよ!

……

それじゃあ!
ゲームを
楽しんでくれ
たまえ!

やった!
作戦成功だー
マヌケな遊戯め!
気付いてないぞ!

おい
遊戯!
もう一回
だぜ!
え…!?
うん

放課後──

ははは──!
次の大会は
ボクの優勝が
決まったような
ものだな!
海馬くん!
!

学校
!!
遊戯!

ハハ…
遊戯くん
今帰りなの…
……?

海馬くん!
お願いだから
あのカードを
返してほしいんだ!

え…!

さっきは
みんながいたから
君がカードを
すり替えたなんて
コトをどうしても
いいだせなくて…

す…すると…
ボクがカードを
盗んだとでも
いうのか!
ちゃんとカードは
返したハズだろ!

ボクにだって
本物とコピーの
違いくらいは
見わけがつくよ…
お願いだから
返してほしい!
く……
ボクは
知らないって
言ってるだろ!!

海馬くんも知ってるハズだよね！
あのカードがじーちゃんにとってどれほど大切なものかを!!

約束をやぶってカードを返せなくなったらボクはじーちゃんの〝心〟を踏みにじったコトになってしまうんだ!!
ボクは大切なじーちゃんを裏切りたくないんだ！

ゴゴ
カードに対する
愛情だとかよー
そんなくだらない
コト ボクの知った
ことじゃないのさ!
じじいにいっとけよ!
ゲームなんてのは
勝つためなら
なんでも
アリってのが
ボクの信条だとね!
ハハハハ
!!
海馬…君とは
「闇のゲーム」で
決着をつけなければ
ならないよーだ!
そして…
必ず
じーさんの心を
とり戻す!!
ドドド

ドーン☆

遊戯！ボクにマジック&ウイザーズの勝負を挑んでくるとは……

一体何を考えているのかな…フフ…

これから行うマジック&ウイザーズのルールは少し今までのものとは違うハズだぜ！

やってみればわかるけどね

へーーそいつは楽しみだね…

フ…どんなルールだろうとボクのカードに勝てるわけないさ

いざとなったら「青眼の白竜」のカードだってあるしな……

なあに他から手に入れたとつっぱねるさ！

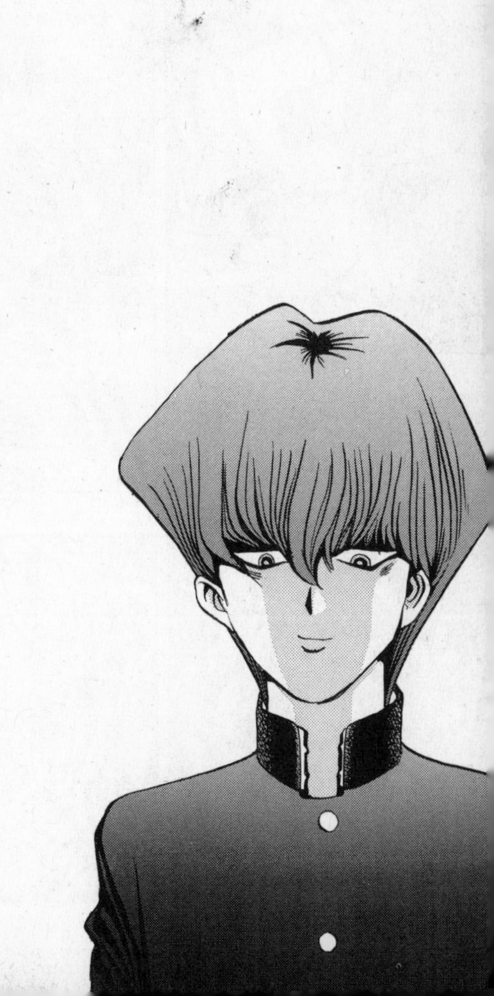

!!!

それがマジック&ウイザーズ「闇のゲーム」のルールだ!!!

ホギャアアアアア
「暗黒の竜王」の攻撃は
「ガーゴイル」にもまさる
「炎のブレス」!!

ゴゴ…
ム…
な……なんだ!!
カードの絵柄が実体化したぞ!!
ゴゴゴゴ
ゴゴ
ガーゴイル
★★★★★
フフ…だから言っただろ今までのゲームとは違うって!
なら…「ガーゴイル」の攻撃を受けてたつのは……このカード!
「暗黒の竜王」だ!!
暗黒の竜王 ★★★★★
攻撃力 1500
守備力 800
ゴゴゴ

マジック&ウイザーズ……
闇のゲーム!!!

ドゴゴゴ

カードが消えていく…

ギャアアス

遊闘10 牙を持つカード〈後編〉

今のバトルで君のライフポイントは二〇〇〇点から一五〇〇点に減った!!
お互いどちらかのライフポイントが0になった方が負けとなる!

遊戯ライフポイント
2000

そして――
負けた者は罰ゲームとして「死」を体感することになるぜ!

遊闘10

牙を持つカード《後編》

さあ次は
君がカードを
引く番だぜ！

OK！

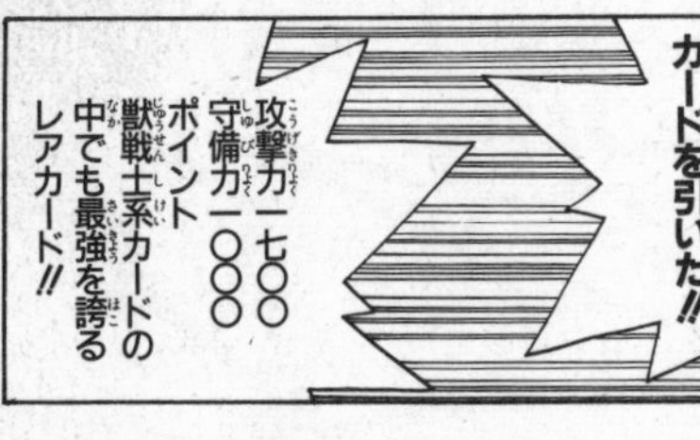
くく……

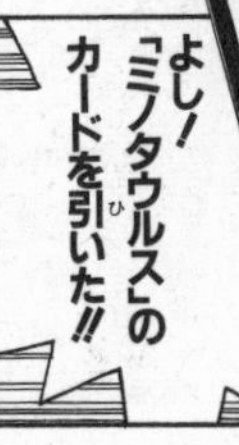
ミノタウルス
攻撃力 1700
守備力 1000
よし！
「ミノタウルス」の
カードを引いた!!
攻撃力一七〇〇
守備力一〇〇〇
ポイント
獣戦士系カードの
中でも最強を誇る
レアカード!!

ゴゴゴゴ

実体化
する!!
オ

ブロオオオ

!!
ヴォォ
「ミノタウルス」のポイントは攻撃力・守備力ともに君のカードの「暗黒の竜王」よりもまさっている！
どうあがこうが「ミノタウルス」にはかなわないということだ！
いけえええ～！「ミノタウルス」よ！
「暗黒の竜王」をその剣で八つ裂きにしろ!!

ゴオオ

ミノタウルス
攻撃力 1700
守備力 1000

暗黒の竜王
攻撃力 1500
守備力 800

ドドド

ハハハ――
悪あがきはよすんだな!!
「ミノタウルス」の剣は「炎のブレス」などはねかえす!!

痛くもかゆくもねえんだよ!!

!!

く…!!

ハハハハ
消えろ
消えろー!
今のバトルでボクの「ミノタウルス」の攻撃力が「暗黒の竜王」のポイントより二〇〇上回っていたワケだ!

すなわちボクのライフは二〇〇ポイント削られる!
遊戯ライフポイント
1800

さあ!次のカードを引けよ遊戯!
まあ「ミノタウルス」に勝るカードはそうそう出すのはむずかしいぜ!
海馬ライフポイント
1500

……

マジック&ウイザーズ
バトル・システム
●カードには「モンスターカード」と「魔法カード」の二種類がある
モンスターカードのバトル
●「モンスターカード」にはそれぞれ攻撃力・守備力のポイントが決められており、カードを引いた時に「攻撃」か「守備」のどちらかを選択する。
①「攻撃」VS「攻撃」
●攻撃力ポイントの高い方が勝ち。負けた側のカードは消え、ーポイントが負けた側のライフポイントに加算される。
②「攻撃」VS「守備」
●攻撃側のポイントが上回っている場合、守備側のカードは消えるのみ。プレイヤーのライフポイントはそのまま。
●守備側がポイントを上回っている場合その一ポイント分が攻撃側のライフポイントに加算される。カードはそのまま。
●「魔法カード」はそれだけでは攻撃することはできないが、自分か相手のカードになんらかの付加価値をもたらす。
ドドドドドド
ボクの次のカードは…
「ホーリーエルフ」のカード！
ズゴゴゴ
ホーリーエルフ
攻撃力 800
守備力 2000
ホーリーエルフ
攻撃力 800
守備力 2000
「ホーリーエルフ」は守備力は高いが攻撃力では「ミノタウルス」にはかなわない……
ここは「守備」を選んでなんとかもちこたえるしかない…
おっと……！「ホーリーエルフ」の守備力はボクのカードの攻撃ポイントより高いハズ……
うかつに手をだすとボクのライフポイントが削られてしまう…
カードの表示方法
「攻撃」表示
「守備」表示
ここはボクの「ミノタウルス」も「守備」にする

フフ……
お互いに
膠着状態という
ワケか……
ならばターンごとに
カードを引いて
手持ちのカードを
ためていくしかなさそうだ
「ホーリーエルフ」を倒せる
カードが出るまで…

フフ…
いきなりいい
カードを引いた!

こいつは
次のターンが
楽しみだ!
カードをふせた
ということは
「魔法カード」で
あることを意味する
使用するまで
相手に見せる
必要はない!

一体何の
「魔法カード」を
引いたのか……!?
「ミノタウルス」に
これ以上の力が加わったら
対抗する手立てがない!

ボクの次の
カードは…

だめだ……
アンデット系
カードでは
どうにも相手に
ならない!
ワイト
★★
攻撃力 300
守備力 200

では…
いくぜ!
さっきの
「魔法カード」で
「ミノタウルス」の力を
増幅させる!
その
魔法カード
とは……

巨大化(魔法)
対象のモンスター一体の攻撃・守備力を20%UPさせる
ウオオオオ
巨大化!!
その魔法力によって「ミノタウルス」の攻撃力・守備力は二〇%増幅される!!
ククク……
よって「ミノタウルス」の攻撃力は二〇四〇ポイントとなり「ホーリーエルフ」の守備力を上回った!
ミノタウルス
攻撃力 1700→2040
守備力 1000→1200
!!
よって「ホーリーエルフ」を攻撃!!
血祭りにあげる!!

そして次はその役たたずな「ワイト」も!!
!!
どんなカードを引こうが この「ミノタウルス」カード一枚で粉砕・玉砕だぁ!!
わははは――!
きのこマン
攻撃力 800
守備力 800
次のターンもそして次のターンも「ミノタウルス」の攻撃で遊戯のカードは次々に撃破されていった!
くくく…
海馬ライフポイント 1500
あきらめろ遊戯! お前に勝ち目はない!
!!
ジュ～ッ
エギョ～
遊戯ライフポイント 500

もし……
次に引くカードが「ミノタウルス」よりも攻撃ポイントが低かったら……
オレの負けだ！
よし！
ズズズズ
オレの手札の中の最強カード「デーモンの召喚」!!
デーモンの召喚
攻撃力 2500
守備力 1200
「デーモンの召喚」だと!!
悪魔系モンスターカードの中でもベスト5に名を連ねるレアカード!!
そんなカードを持っていたのか！
ドン
当然「ミノタウルス」を撃破する!!

魔降雷(まこうらい)!!
ミノタウルス
攻撃力 2040
守備力 1200
デーモン
攻撃力 2500
守備力 1200
く…!!
オレの「ミノタウルス」が!!
そして遊戯の反撃が始まった!!
「デーモン」が海馬のカードを次々に蹴散らしていった……

ドクン☆

……

さて…

この勝負わからなくなってきたぜ!

遊戯ライフポイント
500

く……

海馬ライフポイント
800

遊戯くん
なかなか
やるね！
ボクのライフを
ここまで削るとは
正直おどろいたよ！
今度大会にでてみては…

――だが
ここまでだ！
ボクには
最高の切り札が
ある！
その
カードは――

これだ!!
「青眼の白竜」！
史上最高のレアカード!!
の白竜
攻撃力 3000
守備力 2500

なに!!
く…くく
来る…
来るぞ!!

ふはははー
スゴイぞーカッコいいぞー!!
そのカードはボクのじーさんのカード!!
くくくーお前のじーさんのカードだと…!?
ドンッ
青眼の白竜
攻撃力 3000(MAX)
守備力 2500(MAX)
違うねェ~!これは正真正銘!!ボクのものさ!たまたま偶然知人からゆずり受けたものでねェ~!
お前の「デーモンの召喚」カードの攻撃力は二五〇〇ポイント!
ボクの「青眼の白竜」カードの攻撃力は三〇〇〇ポイント!!
その差五〇〇ポイント!遊戯のライフポイントも残りピッタリ五〇〇ポイント…
ーつまり次の攻撃でお前のライフポイントは0となりオレの勝ちだ!
ハハハ
!!
いけえええ青眼の白竜!!
遊戯の息の根を止めろー!!

え……
!?
な……
なんだ!?
なぜ攻撃しない!

海馬…
お前は このゲームを
本当に理解しているとは
いえないようだな
……
なぜ
攻撃しない
のか……
それは
その「青眼の白竜」の
カードにお前の心が
宿っていないからさ!!

な……
なんだと…

ボクには見える！「青眼の白竜」と重なりあうじーさんの心がね！
あ…
青眼の白竜が……
消えていく!!

「死者蘇生」のカード!!
死者蘇生(魔法)
敵・味方を問わずモンスターの魂をも蘇生させ 味方にすることができる
当然その対象となるモンスターは…
な…なんだと……
その切り札を持っていたとは…
その攻撃!!「滅びの爆裂疾風弾」

青眼の白竜(ブルーアイズ・ホワイト・ドラゴン)!!!
うわあああ
あぁーー!!
全滅だぁ!!
ミュ~
ドドドド
——そして
罰ゲーム!!
海馬ライフポイント
0

!!
海馬瀬人
攻撃力
守備力
うわああああ!!
な……なんだ
これはカードの中なのか…!?
マジック&ウイザーズの世界の中なのか――!?!?!?

ドドド
ガオオオオー
ギャアアアアアアー〜〜
海馬くん…君はその世界で「死の体感」をすることになるだろう…
……だが安心しな! それは一夜かぎりの悪夢…
幻影さ!
これはボクの願いだが――君がカードの一部になることでこのゲームへの「心」をとり戻してほしいのさ!
そうすればボクのじーさんのような本当のゲームマスターになれるはずだ!
そしてこの「青眼の白竜」カードはじーさんに返すぜ!
それがこのカードにとってもっとも幸せなことだからね!
青眼の白竜
3000
2500
GAME OVER

遊闘(バトル)11　キレた奴(やつ)ら〈前編(ぜんぺん)〉

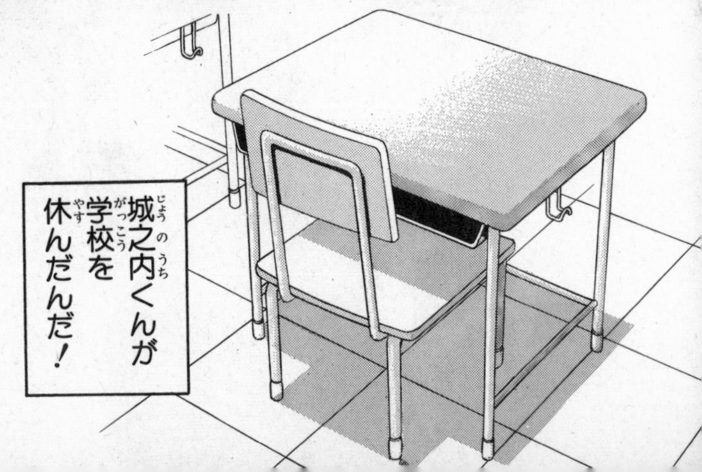

遊闘11

キレた奴ら《前編》

これは事件だぜ

城之内が学校休むなんてよー！

あいつ健康だけは赤丸優良児のハズだしな――

テストは赤点ばっかだけど！

初めてだよね…城之内くんが休むなんて…

本田くんは知らないの？城之内くんのコト

おう……なんの連絡もないしな……

いないとなるとちょっと寂しい気もするわね

本田くん
中学生の時から
城之内くんと
知り合いだったの

ああ

でも
あいつン家
ほとんど行ったコト
ねーんだけどな…

たしか
この団地だぜ!

昔
一度だけ
来たことあんだ

たしか
三階の
一番端っこだった
よな…

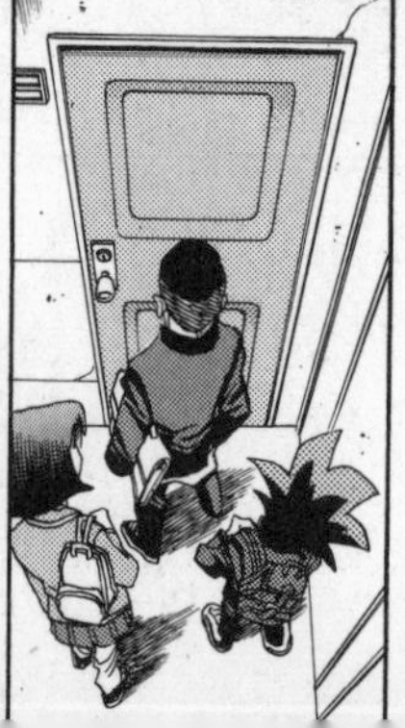

ガシャ〜ン
ヒッ!!
てめ〜〜〜 このクソガキ〜 二日もどこ ほっつき 歩いてやがったぁぁ〜〜
ヒック
ヒック

失礼しました——
ダ〜
ビックリしたぁ〜〜
ね… 今の…

ダメだ…
どこにもいねー
あいつの行きそーな
所は回ったんだがな

城之内くん…
あとはオレが探すから
お前ら遅くならないうちに
帰った方がいい…
なあに
あいつなら
心配ねえさ
明日にゃ
ツラ
出すさ!

うん…
そうしよ
遊戯…!

大丈夫だぜ
遊戯!

オラ〜〜〜ッ!!

人の足踏んどいてシカトこく気かよ～～～！
ス…スイマ…セン…
ま…いいんだけどね…お金くれりゃあさ～～
あの制服は隣玉高のやつらだぜ！
あいかわらずワルが揃ってやがる…
かかわんねー方がいいぜ…
!!
あ……あれ…
城之内くん!!
ドャドャ

な…なぜ…
隣玉高のやつらなんかとツルんでやがんだ！

城之内！オレらのたまり場に案内するぜ！
JSって店！
AMERICAN CLUB

！

城之内くん！
遊戯…

城之内くん！

!!

城之内くんどうして学校に来なかったの…
どうしてそんな人達と…

……そんな人っ…てボクらのコト？
城之内知り合いかあのガキ…
いや
知らねーよ…

行こーぜ！

城之内くん!
けっ…城之内…
お前もすっかり骨抜かれちまったなぁ…童実野高なんぞに行くからあんなガキがなついちまう!
だから最初っから隣玉に来りゃよかったんだぜ!オレと一緒によ…
!
あいつ…たしか中学ン時城之内とツルんでた…蛭谷!!
―だがなぜ今さらあんな連中と……!!
城之内くん一緒に帰ろう!
蛭谷さん――!あのガキうるせぇよ……城之内も知らねーっていうし――
フ…

さっきから
ギャーギャー
うるせえんだよ！
クソガキー！
ゴボッ
ドゴッ
!!
遊戯!!
じ…
……！
へへ…
ボクらのお友達の
城之内に気安く
声かけんじゃねーよ！
今度
ツラ見せたら
殺すぞ！
遊戯
大丈夫か！
遊戯！

じ…城之内くん…

城之内！あんた最低だわ！見損なったよ！

ど……どうしちまったんだ―城之内ー！

ハーハッハッ行こーぜ城之内！

今でこそタメロいってる仲だけど……
オレ昔あいつにあこがれてた…
でもオレ半端だったし……

あいつ下のやつらには面倒見良かったし…弱い奴には手ェ出さなかった…
でも…

どうしちまったんだ…あいつ…
もう帰って来ねぇかも…

くそ…
本田くん…

城之内くん……
そう…城之内くんとはこのパズルが縁で友達になったんだっけ…

ボク信じてる…

城之内くんは変わってなんかないよ!

遊戯…

そ…
そーだよな

あいつ単純だけどそんなヤツじゃないよな!

うん

お……
一人出て来たぞ!

へへ…
三人までなら
オレ一人で
なんとかなる

ち…
蛭谷さん
ヘンな洋モク
吸ってるから
遠いんだよな…
売ってっトコ…

よっ!
ン……
な…
なん…

ドカ☆
☆バゴッ

おい…
城之内がなんで
てめえら隣玉の
連中とツルんでるん
だ!
ワケ聞かせな!
……!

へ…
知らね…
しゃべらねーと
ブッ殺すぞ!

ひっ…
わかった…
話すよ……

純喫茶
J'z

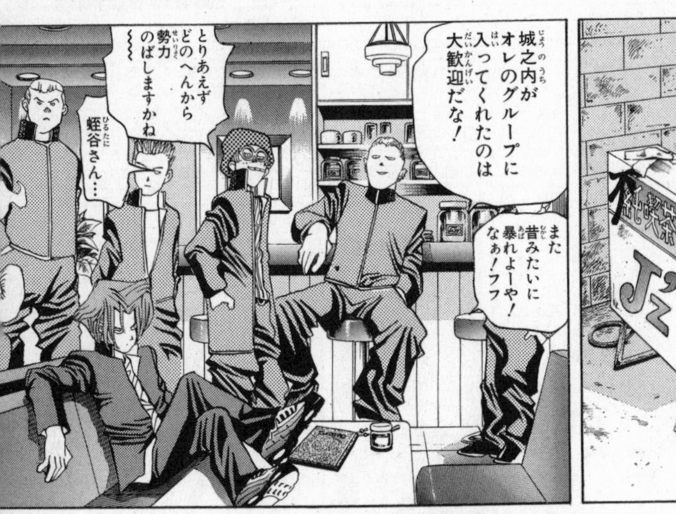
城之内がオレのグループに入ってくれたのは大歓迎だな！
またたいに昔みたいに暴れよーや！なぁ！フフ
とりあえずどのへんから勢力のばしますかね〜〜
蛭谷さん…

蛭谷さん…タバコ切らしてましたよね…
オレのをどうぞ…

ギロ

ン…
…

なんだよ
城之内…
オレの顔になにかついてるかぁ〜〜？

蛭谷さん
ここらで
グループの
勢力
のばしたいから
昔の仲間とかに
口聞いて
集めてんだよ…

城之内の
野郎にもな…

だが最初は
奴も首を
たてには
ふらなかったさ…

だが蛭谷さんも
その手の
かけ引きは
さすがでなー

ある条件を
通告したのよ

くく…
そうしたらよー
城之内のやつ
顔が見る見る
青ざめてってよ！

その条件
てのがな……

仲間になんなかったら
童実野高の城之内のクラスの連中…
ひとりずつヤミ討ちかけるって…
そういったのよ……
バギッ☆
う…っ…

やっぱ

絶対許せねえよなぁ…

え……

オレの友達(ダチ)
殴(なぐ)ったのはよぉ――
許(ゆる)せねーつってんだよ!
ゴ…

くく…城之内
やっと
昔の眼に
戻ったな…
うれしいぜ…
だが
オレ達を敵に
回そうなんてのは
悲しいなぁ──
城之内を
押さえろ！
意識改革の
ための処刑を
行う!!
よし！
城之内を
奪かいするぞ！
城之内くんは
変わってなんか
いなかった！
城之内くん！

城之内くん!
城之内くんは変わってなんかいなかった!!

遊闘12

キレた奴ら《後編》

城之内をおさえろ!
バッ
今後 オレ達をうらぎることのないよう 意識改革のための処刑を行う!

けっ
上等だぜ!

ちっ…
5人かよ…
ヤベえな…

城之内いいい〜〜〜〜!!
ゴン!

ガッ
くっ…
今だ!! まとめてかかれーっ!!

よし
城之内を
連れてけ!
はなせ〜
コノ〜〜ッ!
場所を
移す

例の
処刑場にな!

城之内くん…
なんとか
ここから
助けださなくちゃ

遊戯…
杏子…
ここから
先は お前らは
入ってくんな!
オレ一人で
行く!

で…
でも
本田くん!
隣玉は
お前らが
かかわるような
連中じゃ
ねえんだ!!

遊戯! オレらみてえのと 友達でも…
お前は 荒んだりすんなよ!
な!

本田くん!
いくぜ——!

城之内…！
お前…
どこに
いやがんだ…

やつら
いなかったぜ！
純喫茶
J'z

え…
それじゃあ
城之内くんは…
今どこに…
わからねえ…
だが店ン中の
荒れた様子を見ると
城之内のヤツかなり
やばい状況かも…
早く
見つけ出さ
なきゃ！

手分けして
探そう！
よし…

だが
見つけたら
すぐにオレに
知らせろ！
絶対やつらに
かかわるんじゃ
ねーぞ！

オレは
こっちだ！
私は
左に行く！

ドスバキ
オラオラァ〜〜
ペッ
ゼイ ゼイ
フフ…なかなかいい眺めだぜ城之内
へっ…こっちからの眺めもまんざらじゃねえぜ！
ケツの赤えボスザルが下っ端つれてほえてやがる姿がよ…

……

ドガ
ッぐ…

城之内…
おめえは中坊ン時からそうだったよなあ！
オレに対していつも対等のつもりでいやがった！

ま…それでもオレ達二人がツルんでりゃ怖いもんなかった……
そこらの高校まで名はとどろいたし舎弟もけっこーな数従えた…
だがオレには最後まで成し得なかったことがあった…

てめえが二番で…
その上にオレがいる…
そのことをてめーに教育し忘れてたぜ！

ハハハ…
やっぱ…
ボスザルの考えそーなことだぜ！

どーしたへ…終わりかよ…オレはまだ記憶も飛んじゃいねえ！
てめえら下っ端どもの顔…どいつが何発入れやがったかも全部記憶してるからよぉ…
執念深いぜ～オレはよぉキッチリ倍にして返してやるぜ！

安心しろ…スペシャル・メニューはこれからだ…
記憶もフッ飛ぶフルコースだぜ！クククク…

ドドッ

くっ…
へへ…イッちまいな城之内!

へへ スタンガンだぜ 二十万ボルトのな…
こいつのスイッチをONにすれば電流は流れ続ける…
記憶が飛ぶなんざ通り越して昇天しちまうかも知れねえぜ!

くそったれが──!!
…ッ

野郎~~!

ぐわああああああああ
城之内くん!!
!!
お願いだから…
パズルよ教えて…!!

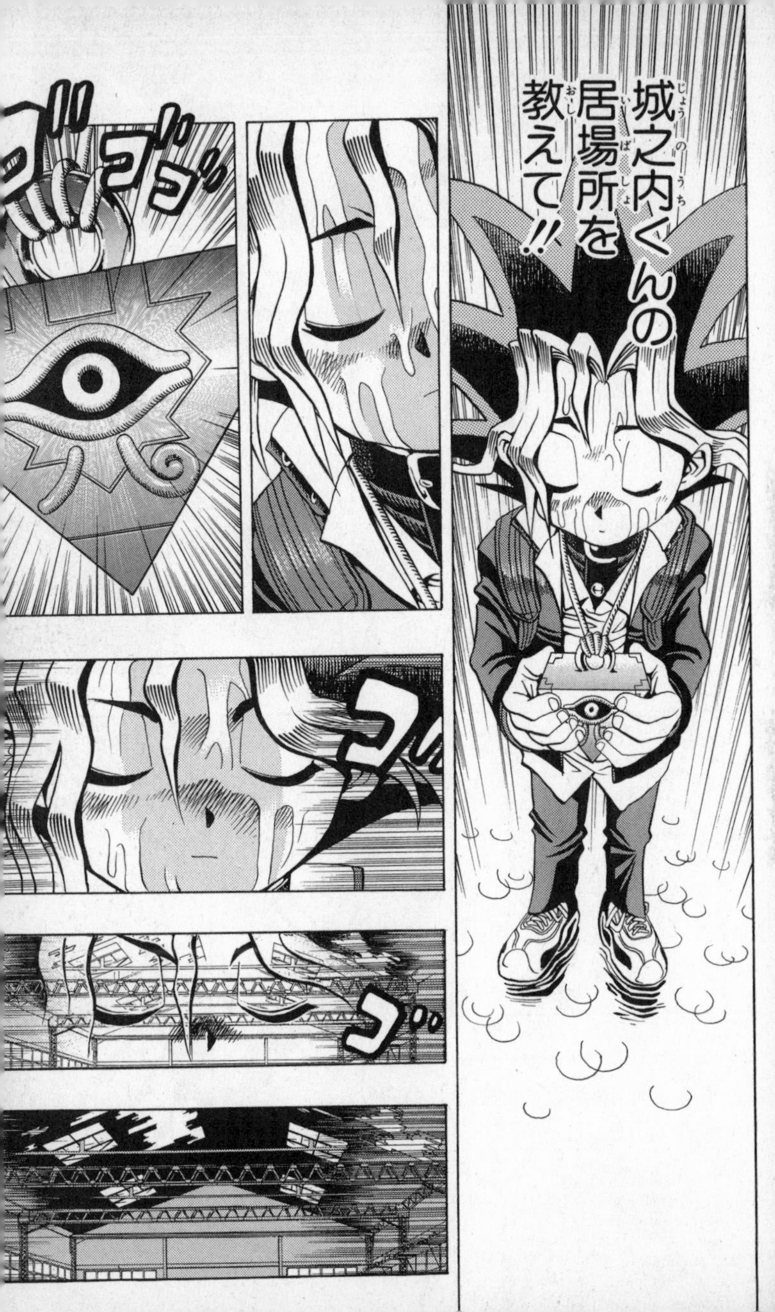

城之内くんの居場所を教えて!!

ゴゴゴ

ゴ

ゴ

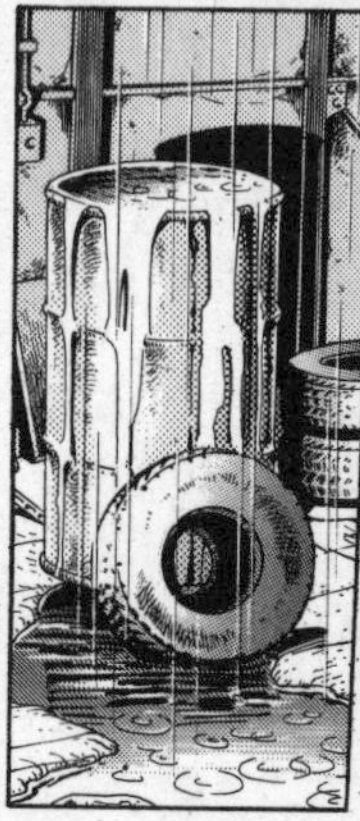

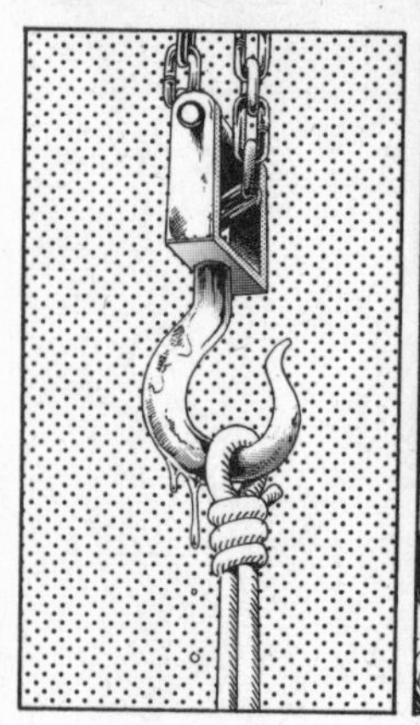

ピク
ピク

へへ…蛭谷さん…
城之内の野郎
もう声も
あげませんよ…
体が
ケイレン
してまっせ!
もう
このへんで…

やれ!
え…
でも
これ以上は
死ん…

殺れ!!
やめろ!
ム!!
ゴォォ
!!
よくも
城之内くんを
……!!
許さない…
お前らを
絶対に
許さない!!

なんだ…
このチビ…

ン…
クク…
見たコトある
ガキだと思ったら
さっき城之内に
なついてた
ガキじゃねえか…

城之内も
あんなのが救いに
来るようじゃ
終わりだな…

ハハハ…

おい
ボウヤ

ここは
子供の来る
トコじゃ…

フフ…

さあて…
今度は こちらから
仕掛ける番だぜ!

ゲームを!

お前ら
4人に挑むぜ!

な…なにに…
ゲームだと
…!?

フフ…
気がつかないか… お前らの足もとには「時限式の地雷」が隠されてることを……
そして その地雷はある「スイッチ」に連動している…
すでに秒読みに入ってるぜ！
!?
地雷だと……!!
なにいってるんだ小僧…！
さあ その「スイッチ」を見つけだすことができるかな…
見つけられたらあんたらの勝ち！ オレを生かすも殺すもあんたらの好きにするがいい…
だが もし見つけられなかった場合……
あんたらは罰ゲームとして「地雷」のエジキとなる！
あんたら四人で知恵をしぼって考えるがいいぜ！
蛭谷さん… あんなガキのいってるコトハッタリに決まってますぜ！
……
あんなガキ…
このスタンガンでヤキ入れてやりましょうぜ！
!!
ま… 待て… スタンガンは使うな!!
え!?

フフ…
なるほどな…
そのガキの言葉…
なまじ
ハッタリとは
限らないかもな…

見ろ!!
いつの間にか…
オレ達は雨を
受けて全身が
ぬれている…
!!
あのガキの立ち位置に
うまくおびき寄せられた
ために 雨もりを
受けてしまったワケだ…
この小僧…どうして
…ワザと殴られて
裏で計算してやがった…

ハッ…
ほんとだ…
いつの間に
ぬれてる…
ってコトは
……
そうだ…
この場で一人でも
スタンガンのスイッチを
入れたら 指先から
足元の水たまりを
二十万ボルトの電流が
伝わり…
オレ達は
四人とも…
小僧のいう
「地雷」のエジキ
というワケだ!

!!

ククク! 小僧
「スイッチ」は
見つけたぜ!
ようは
スタンガンさえ
使わなければ
いい…
かわりに
拳で教えて
やるぜ!

ハハハ…小僧
このゲーム オレ達の
勝ちだ!!
望みどおり
罰ゲームとして
この場で殺してやるぜ!

フフ
お前らは
「スイッチ」を
見つけられなかった
!
オレの
勝ちだ!
そして
その「スイッチ」は
まもなく作動
する…
な…なに!!
う…
う〜ん
な…なんだ
この声は…
ドドド!!
バン☆
う…
ス…
スイッチは
奴の腕!!

ポタ
ン…
小僧 さっき殴られた時に こんな小細工を!!
ドッ
め…眼を 覚ますなぁ!!
エ…
ガタッ
あ… オレ…
「スイッチ」オン!
!!

ギャアアアアアア

！
城之内くん…！
う…
遊…
城之内くん…
一緒に帰ろう！
！
ゆ…
遊戯ーーーッ

日新聞
○月×日(△曜日)
エジプト 今世紀最後の大発見
王家の谷で王墓発見
発見者は童実野大学考古学チーム
王墓は新王国時代(BC一五八〇~BC一三一四)のものと判明
王墓で発見されたファラオのミイラ
発見に喜ぶ金倉会長(左)と吉森教授
発見された副葬品・ミイラ
近日 日本で公開を予定
スゲーーー エジプトで王様のお墓が見つかったーーっ!!
宝物もでてきたんだってさ!!
ほほー
遊闘13
エジプトから来た神《前編》

遊闘13 エジプトから来た神《前編》

二か月後—

エジプト発掘展——!?

うん! 明日から童実野町の美術館で展示会が開催されるんだー!
へー おもしろそう じゃん 行こ 行こ!

今回 エジプトの王様のお墓を発見した大学教授がボクのじーちゃんと友達でさー
その吉森さんて人が ボクらを招待してくれたんだ!

へー 新聞にでてた人ねー
ミイラとかも見つかったんだよな——
ギョ
ゲッ… ミイラ〜!?
おい…なんか呪われそーじゃねーか

エジプトってなんか神秘的な感じがするよね——
遊戯のそのパズルもエジプトで見つかったんだよね

うん！
この「千年パズル」

でよ 遊戯のおじーさん 言ってたよね…
そのパズル見つけた発掘隊の人達 みんな謎の死をとげたってさ…

ゲ〜〜っ本当かよ！
遊戯——！お前大丈夫か…呪われてんじゃねーのか！
呪われてなんかないよ〜〜
おどかすない！杏子…

でも…
このパズルを完成してからたまに記憶がなくなっちゃう時があるんだよなー…
みんなには内緒にしとこ…不気味がられちゃうもの…

それじゃあ明日の日曜日一時に美術館に集合ねー！
うん
オーシャ！

エヘヘ…エジプト発掘展かー！
楽しみだなー

日曜日
童実野美術館

エジプト発掘展

みんなにも紹介しよう！

こちらが吉森教授じゃ

初めまして

そちらの方は…

ハイ！今回の展示会の主催者であり発掘の資金援助をして下さった美術館の館長の…

おお——王様の墓を発見した今や時の人だぜー！

金倉です！私の美術館にようこそ！

ところで吉森くん…例のモノを見せてもらえんか

あ…

ハ…ハイ

武藤さん…前にお聞きした「千年パズル」を解いたお孫さんというのは…

ほほ…

そーいえば話しとったか…

…エ…!?

君が遊戯くんか——！

それかー!! ウワサの「千年パズル」というのはー！

ぜひワシに見せてくれ〜！

ドドド
こ…これはすごいですぞ～～～
古代エジプト史に残る文化的遺産だ～～～!!

金倉さんは美術商を専業になさってるから目はたしかだよ!
へーそんなに価値があるのかぁ…

遊戯くんお願いだ!!
この「千年パズル」を今回の発掘展でぜひ展示させてくれないか!!
え～～～!!

たのむ!

困ったなぁ…これはボクが一時も離したくない宝物なのに……

そ…それじゃあ一日だけなら
そ…そうか!一日だけでけっこーだよ!!

フフ…
一日だけでけっこーだ……

ゴゴゴゴゴゴ
到着客
ARRIVAL
ドド

スゲー!!

このお宝ってさー全部 掘り当てた人のモンになるのかー!?

ハハハ…そうだといいんだけどね!

一九二一年までは宝物の半分を発掘者が 所有することができたが今は エジプト考古局のものさ!

だから一九二二年に見つかった有名なツタンカーメンの財宝も発掘者は何ひとつ手に入れることができなかったんだよ

なんで泣いてるの？

これは私の涙ではない……

この…朽ちはてたその姿はまさに埃の人形…

それでもなお永遠なる偉大なファラオ…その名とともに魂は生き続ける…

永遠なる眠りすら許されず…魂の嘆きは涙となりて私の頬を伝わる…

！

エジプトの人……！

…………!?

これは パピルスに 描かれた 「死者の裁判」のシーン だよ
冥界の王の前で 死者は生前の 行いや罪を 天秤を使って 計量 される…
もし 罪の重さで 天秤が かたむいたら 怪物に 喰われてしまうんだ！
エジプト流 エンマさんだな！
次は いよいよ ミイラの コーナーだ！
ミイラ～～～ やっぱ見るの～
城之内 ビビってんの～～ ダサ～い！

!!

うわあああ ああ～～～～～
次行こーぜ！ それ以上見たら 呪われるぜ――！

ははは 呪いなんか この世には ないんだよ！
ン…！？

なんか…パズル手離すと調子くるっちゃうな――

遊戯スゲーじゃん！
遊戯の宝物がエジプト展で有名になるんだぜー！
エヘヘそっかなー！
あとでさーパズルの前で記念写真撮ろーよ！

遊戯くんゴメンね…
宝物ほんとは手離したくはなかったろうに…
いえ〜〜一日だけって約束ですから〜〜

今回の発掘もあの金倉さんがいなかったら成し得なかったことでね…
ボクの立場上なにもいえなくて…
あれでケッコーワガママだから……

わ――見て！これキレイだな――!!

ねえ 杏子 さっき 変な エジプト人が いてさ——
え…!? 気がつかなかった けど…

お! 見ろー!
遊戯の パズルが あそこに展示 してあるぜ——!
エー ホント!

素晴らしい
ム…

では 商談は 閉館十分前に 私のオフィスの 方で…
MR・金倉… この「千年パズル」素晴らしい… お金に糸目はつけません!!
ハイハイ とにかく その話は あとで ゆっくり…

わーー!!
ガラスケースに 入ってて カッコいいじゃん〜〜〜〜!
それじゃ ここで 一枚 撮るねー!

それじゃあ こっち向いて
チーズ!
バーガー!!

フフ… あのパズルは すごい金額で 取り引きできそーだ… ま…いくらか払えば 遊戯くんも納得 するだろう…
もう 一枚ねー
最後の 記念写真 か…

あー楽しかった！
ボクもエジプト行ってみたくなっちゃたぜー
展

ホホ…吉森教授！今日はありがとーございますじゃ！
いえ…今度は大学の研究室の方にも遊びに来て下さい…

それでは私は大学の方に戻りますのでこれで…
さようならー

みんなはどうするの？これから…
ボク閉館時間までここで待ってよーと思う！
パズル返してもらってから帰るよ！
オレらも帰るわ！
ワシも店があるしの…

それじゃここで解散──っ！
また明日な──
バイバーイ

4時30分か…
あと30分…

掘
展

ククク…
ワシの資金でファラオの墓が発見され……
なおかつ「千年パズル」でひと儲けできるとはワシはついとる

MR・金倉…
FFICE
トン トン
おお来たな!
入ってきたまえー
ガチャ
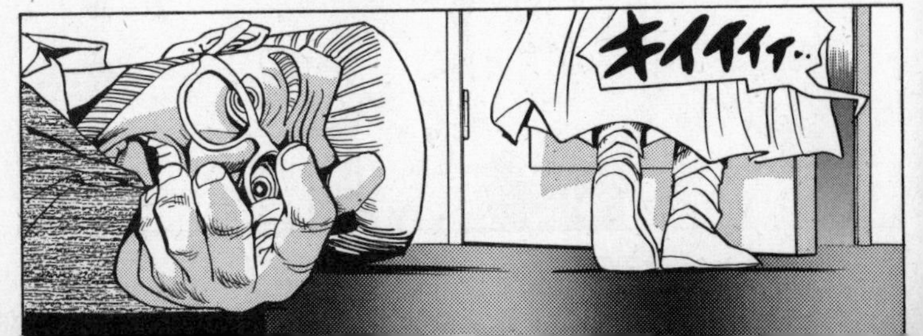
キイイイィ…

…ム!!

な…何者だぁ〜!?
貴様は!!

我は三千年の墓守の血族──

アヌビスの使徒……

ドン

死者の書第百二十五章「最後の審判」の場面は知っているな
これはその「真理を量る天秤」だ!

「最後の審判」死者は冥界の王オシリスの前で生前の行いを「魂の裁判」にかけられる…
天秤の片方には「真実の羽根」をもう一方には死者の心臓（魂を意味する）が置かれ罪の裁量が行われる…
その結果もし「真実の羽根」よりも「罪」の方が重かった場合その者は怪物アメミットの餌食となる…
ま…今の時代にはナンセンスな寓話さ…

これからゲームをする!
闇のゲームだ!

ゲーム…!?

この天秤の片方の皿には「真実の羽根」を置く…

見てのとおり今はつり合った状態だっ…

そしてこれからいくつかの質問をする

もしお前が〃真実〃を答えぬ場合もう片方の皿に重さが加わっていく…

それはお前の罪の重さなのだ

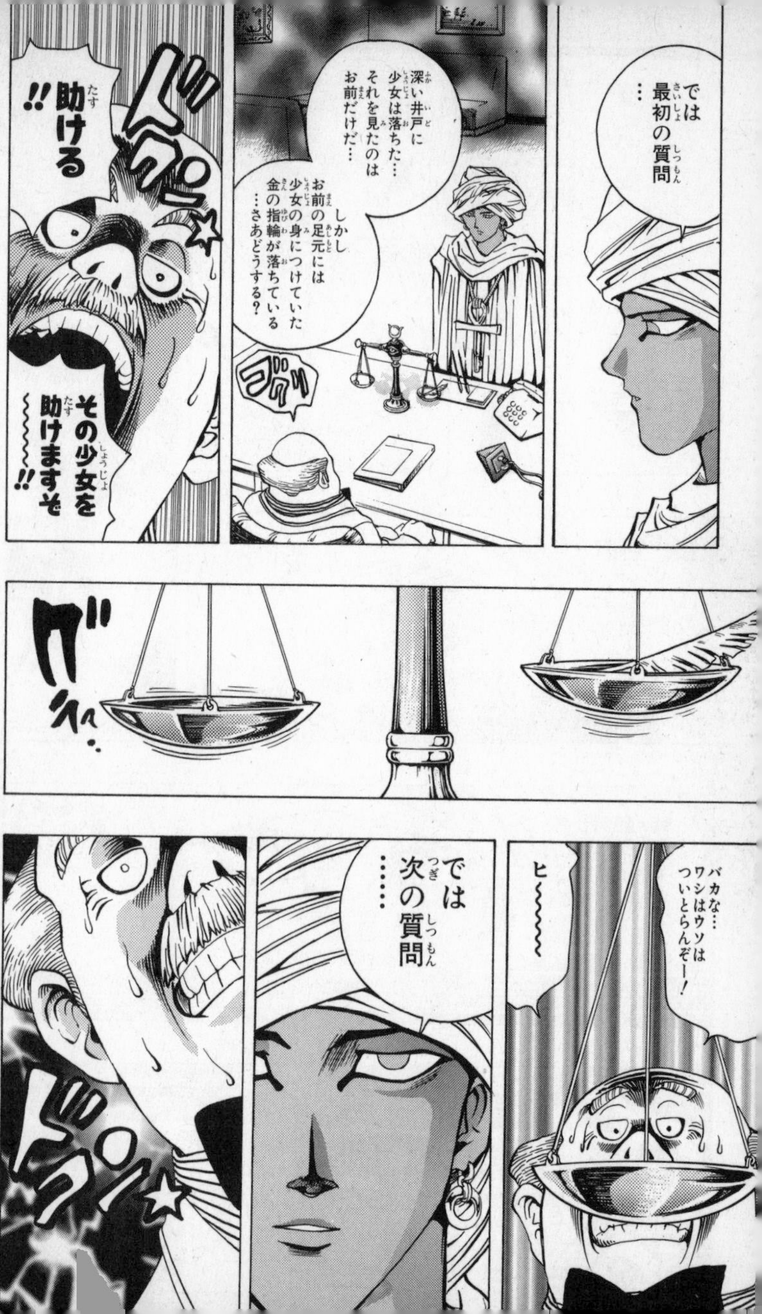

では…
最初の質問

深い井戸に少女は落ちた…
それをみたのはお前だけだ…

しかし
お前の足元には
少女の身につけていた
金の指輪が落ちている
…さあどうする？

ゴクリ

助ける!!

その少女を助けますぞ〜〜〜!!

バカな…
ワシはウソは
ついとらんぞー！

ヒ〜〜〜

では
次の質問
……

よし!そろそろ閉館時間だし…

パズルを返してもらいに行こ〜っと

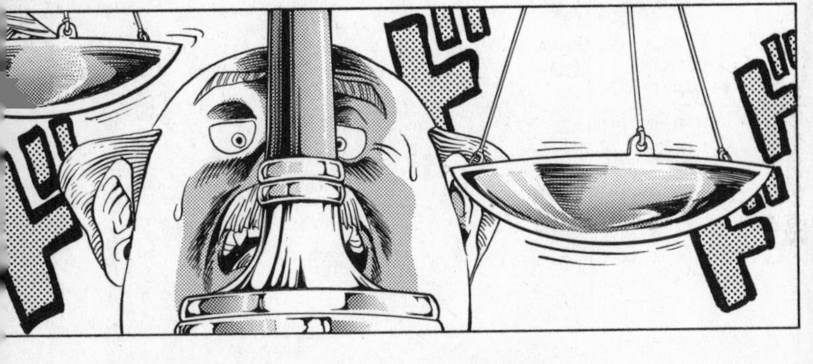

ドン
ジュル。
ジュル。
ヒイイイイイイ

や…やめろ～～
金ならハウマッチ～～!?
払う
カタン☆
お前の「心の部屋」に「真実」はない
あるのは欲望のみ…
よって裁きを受けるがいい
ギャアアアアアアアアアア～～～

人は皆「心の部屋」を持っている…
私の「千年錠」を使えば「心の部屋」の扉を開けることができる
お前の「心の部屋」は金と欲望の臭気に満ちあふれ そこは魔物の格好の住みかとなる
お前は その罪悪によって 自らが生みだした幻影に喰い殺されたのだ!
ム…

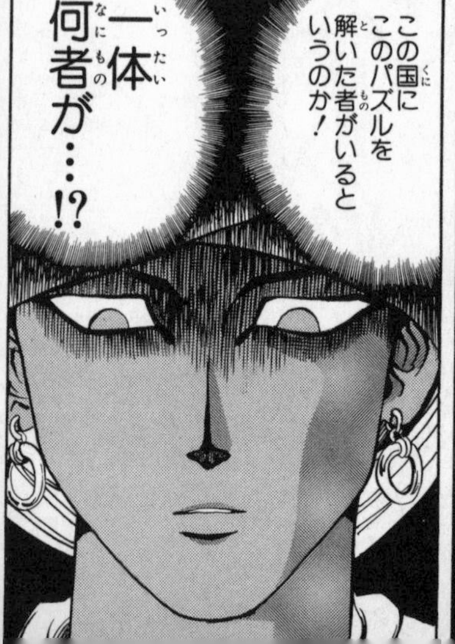

まったくぅ～～
この美術館…まるで迷路だよ～～
さっきの場所にパズルなかったから館長さんが持ってるハズなんだけど～～～
ン…

あ…さっきのエジプトの人…！

まさかな〜

エジプトの人に聞いても知らないよね〜〜

でも聞いてみようかな〜〜

あの〜〜〜

ここの館長さん見ませんでしたぁ〜？

こんな形のパズル…返してもらう約束してるんだけど…

!!

ま…まさか…

この少年が!!!

ドン

やっぱ知らないよね……

「千年パズル」を
解いた者には
力が宿るという…
我 血族と同じ
力が……!!

だとすれば
この少年にも
……

たしかめねば!
この少年に
力があるかを
!

やだな～
コワイ顔でボクの
顔ジロジロ見てさ
さっきは
泣いてた
くせに…

やっぱヘンな
エジプト人だー!

今…この
「千年錠」を
使って
この少年の
「心の部屋」を
垣間見る!!

カチャ☆

こ…この少年の心の中には2つの「部屋」がある!!
一方の「部屋」の扉はあいている…
中は…
おもちゃが散らばっているが…純真だ…! 邪念がない…

ゴゴ
そして
もう一つの
扉…

ム…!!

ギィィ
扉が
ひとりでに
……!!

ズズズ!!

ほーー
オレの「部屋」を
訪れる奴が
いるとはな…
クク…
入って来いよ…
勇気があるならな
ゲームが
待ってるぜ!

そしてもうひとつの扉が開かれた

フフ…勇気があるなら入って来いよ!

オレの「心の部屋」に…!

遊闘14 エジプトから来た神《後編》

ゲームがまってるぜ!!

…!

どうしたビビってんのか?
勇気を出せよ!
…

私は過去にいろんな人間の「心の部屋」を訪れた…
それぞれに「部屋」の「模様」こそ違えど通常 心にはひとつの「部屋」しか存在しない…!

しかし…この少年の心のもうひとつの「部屋」はどうだ…
重く…冷たく……

まるで古代エジプトの王の墓のようだ…!!!

私は 君の持つ「千年パズル」の「力」の秘密が知りたくて ここを訪れたのだ

千年パズルの存在を知っているとはな…

ああ 知っているとも
それが「闇の千年物」であることも…

古代エジプトの時代から三千年もの間「王家の谷」に伝わる闇の千年物…

それらは古代の王に仕える魔術師達によって「王墓をあばき財宝を盗みだす罪人」を裁くために生みだされたもの…
「ペル・エム・フルの書」に そう記されている

ここに来れたのも その「千年物」の 力ってわけか…

「闇の千年錠」の力だ！

これは ヒトの「心の部屋」への 扉を開けるための鍵…

「部屋」を見ることで その者のすべてがわかる ―性質・趣味・潜在能力 コンプレックス・トラウマ ……

その者の「部屋」を見れば……
いかなる「力」が宿ったかがわかる…
私は　それを見極めたいのだ…

そしてその「力」が必要とあらば…我血族にとりこむ……

!

あんたのいう「千年パズル」の力は…たしかにオレの部屋に眠っている…
だが…そう簡単に教えるワケにはいかないぜ!

わかってるな…
これはゲームだぜ!
闇のゲームだ!!

ゲームのルールは簡単だ！
この心の領域のどこかにオレの「本当の部屋」がある…
あんたはそれを探しだし「宝」を手に入れることができるか…
フフ…ちなみに 私にはある能力が備わっていることを言い忘れていた…
私は人の「心の部屋」に入り込み 部屋の「模様替え」をすることでその者を 自由に操ることができる…
もちろん人格を破壊することもなフフ…
！
このゲーム受けてたとう！
そして…君の「本当の部屋」を見つけだす！
フフフ…さあて…そう簡単にいくかな…
これは あんたが思った以上に危険なゲームだぜ！
!!
こ…これは…

迷宮!!
この少年の部屋はまさしく…
「心」の迷宮だ!!
ゲームスタート!!

…
さあ　どうした
最初の一歩を
踏みだされなければ
始まらないぜ！
ゲームがな…
…！
ここにも…
むこうにも…
見渡すかぎり
無数の扉がある…！
だが
その中の
ひとつが…
「本当の
部屋」なのだ
!!
手あたり次第に
扉を開けていくしか
なさそうだ…
まずは
この扉を…
ガチャ☆
!!

ビシャ!
罠…!!!
くっ…!!
ククク
どうした…
今のでおじけづいたか!
この分だと…
「本当の部屋」への
道のりはかなり
険しそうだぜ!
がんばれよ……
「部屋」で待ってるぜ…
ズッ

この扉も…

この扉も
違う…!!
「本当の部屋」
ではない!

一体
どの扉が
……

この少年の心は
かたくなに
他人の進入を阻む
……
私を
惑わす!!!

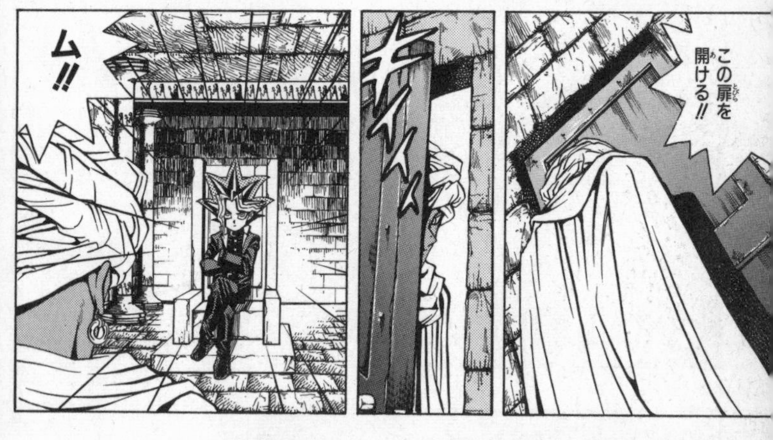

よ！

たどりついたのか…
「本当の部屋」に…

!!

ゴゴ
いや違う…
これも罠!!!
くっ
もし…この深き闇に落ちたら…
私はこの少年の心の中から永遠に抜けだせなくなる!!!

ガッ

まさか…
心の中の もうひとりの少年に助けられるとは…
借りができたな

人の「心の部屋」を覗こうなんてあまり趣味がいいとはいえないぜ！
とっとと出ていってもらおうか！

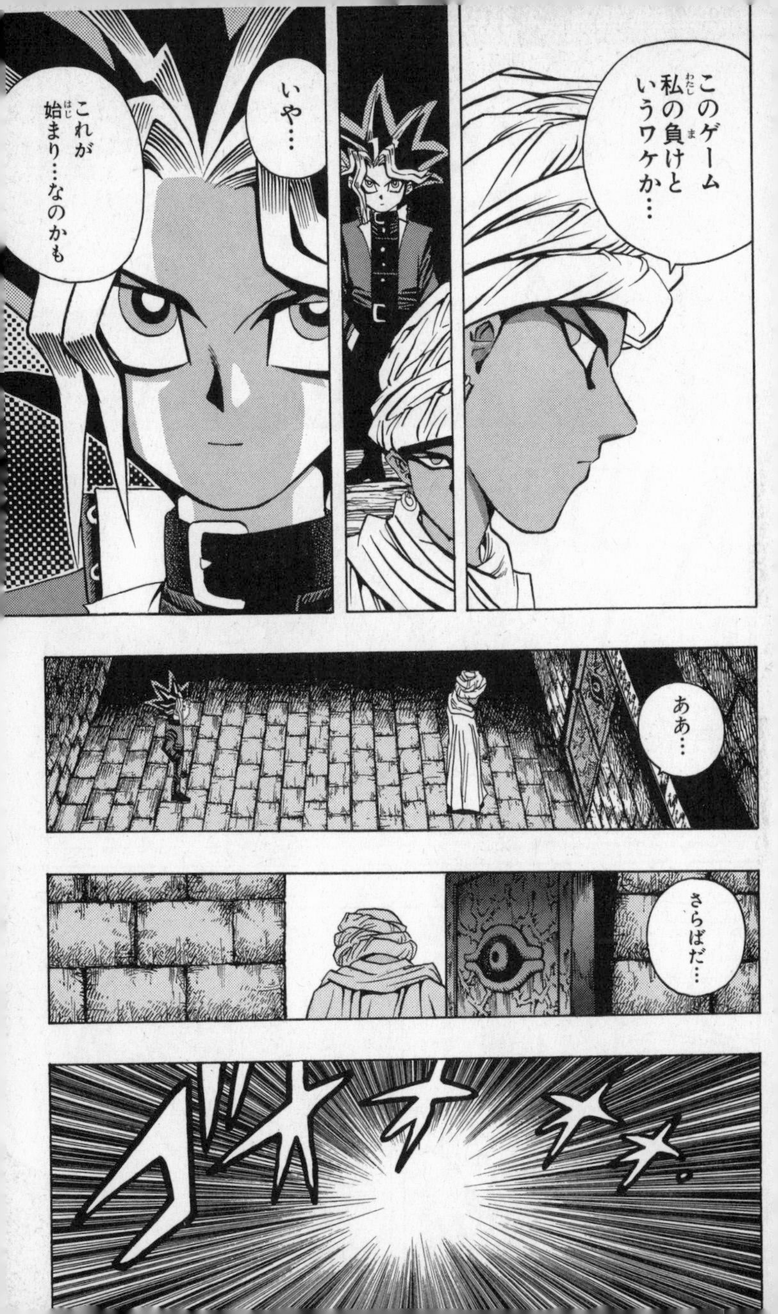

このゲーム
私の負けというワケか…
いや…
これが始まり…なのかも

ハァ
ハァ
この少年をためすために「心」に入ったが…
ためされたのは私の方だった!!
ねえ大丈夫…
すごく顔色悪いよ!
眠ェつむったまま動かなくなっちゃうしさ──…
ああ…
大丈夫だよ…

君は不思議なボーヤだな……

あ…そうだ……

コレを……

返すよ……

わーー千年パズルーーっ!!

エ…!?
借りって…なんか貸してたっけな〜!?

もうひとりの君にさ!

エ〜!?
もうひとりのボクう〜〜〜!?!?

キャハハハハハ〜
なにいってんの〜〜〜やっぱヘンなエジプト人〜

!
この少年は…もうひとりの自分に気づいていないのか……

やだな〜ボクはボクゥ〜〜〜!
もうひとりのボクなんているワケないよ〜〜〜!

ボーヤ…
名前は…

ボク遊戯!
ボーヤじゃなくてー遊戯———っ!!

遊戯…

これから君が
成し得なければ
ならないこと…それは…
もうひとつの自分を
発見すること!!

え…!?

そして いつしか
その「千年パズル」に
秘められた真の力を…
三千年もの間
封印された謎を
解き明かさねば
ならない!!

それが
パズルを解きし
者の宿命!!

もうひとつの自分〜〜〜???
千年パズルの真の力!!!???
私の名はシャーディー
他人に名を名乗るのは生まれて初めてのことだフフ…

私にはもうひとり裁かねばならぬ者がいる…

「王家の谷」の神の領域を冒したもうひとりの男を…

遊闘15 もう一人の罪人

シャーディー……

あの人の言ってた「ボクの中のもうひとりのボク」…「千年パズルの真の秘密」…

それって一体何のことだろう…

遊闘(バトル)15

もう一人(ひとり)の罪人(ざいにん)

ユースは美術館の館長さんがィフィスで死体となって発見されたと報じていた…

死因はショックによる心臓破裂らしい…

も検死官の話ではこのような死に方は通常ではあり得ないという…

そして…

「ファラオの墓をあばいた呪いによるものか」……

そんな言葉でニュースはしめくくられた!

もうひとり……!?

ま…彼にかぎって
呪いなんてもんは
信じとらんだろうが…
発掘の協力者が
亡くなったんじゃ!
きっと落胆しとる
ことじゃろう…

遊戯…
ワシは
吉森教授を
元気づけに 大学の
研究室に顔を
出してくるわい…

じいちゃん…
ボクも
いっていいかな
……

おお
もちろん
かまわんよ
ちょっと
気になることが
あるんだ…

シャーディーがいってた
「もうひとり」ってのが
吉森教授だなんて
考えすぎだと
思うけど…

でも…
吉森教授に
会いに行かなくちゃ
いけないような
気がする…
なんか…
心の中から
そう呼びかけられてる
ような気がする…

よう
遊戯！
あ
杏子！
城之内くん！

さっき
館長さんの
ニュース見たぜ！
さっき会った
ばかりじゃない～！
もうビックリ～!!

ボク達
今から吉森教授の
ところに行こうと
思ってたんだ！
吉森教授
なら 事件の
くわしいコト
知ってるかもなー
ほほ…
なら
みんなで
行くかの…

この事件
絶対「呪い」の
仕業だぜー
また始まった
……
アホーっ
杏子
城之内くん…

二人は
行かない方が
いいと思う…
なんか
そんな感じが
する…

え…

遊戯大丈夫よ！
城之内が呪いとかいってビビってんの心配してくれるのはわかるけどー
別にコワがっちゃいねーって!!

吉森教授には美術館案内してもらったり世話になったしよーっ！
遊戯と同じでオレらも心配なワケよ！
それに あの人いいヒトそーじゃん！

う…うん
そーだよね！
ゴメンへんなコトいって…

ほほ…
ではいくかの…

童実野大学

考古学研究室

バカな……
呪(のろ)いなど
あるワケがない……

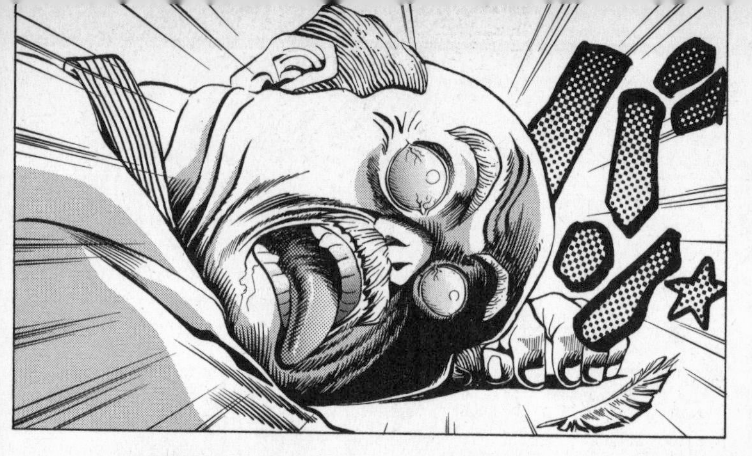
バン☆

くっ…

ハッ

……
気のせいか…

今日は
朝から
いろいろ
あったから
疲れている
よーだ…

もうすぐ
武藤さんが
お孫さん達を連れて
やって来てくれる…
今日ほど
友人を待ちどおしく
想える日はない…

王家の谷の神の領域を冒した
もうひとりの罪人よ…

ゴォォォォ
カチャ
なるほど…これが この者の「心の部屋」…
最初に目につくのは 棚にギッシリと並べられた本 どれも考古学に関するもの
そして 遺跡で発掘された 出土品…
この者の心の中は やはり 考古学への 固執観念が大半を 占めている

そのすみで
ほこりにまみれた
家族の写真…
これは発掘に
とりつかれ 家族を
ないがしろにしている
後ろめたさの心理の
象徴！
部屋全体の
色調が暗いのは
今 この男が
不安と恐怖を
感じている証拠…
おそらく
美術館の館長の
死が原因だろう…
…ン
その中に
わずかな光が
ある…
これは
希望の光だ
…
……
なるほど…
この者は 今
友を待っている…
それが 安心感となって
光を放っているのか…
一体
何者の訪れを
待っているのか…

!!

遊戯!!

ここを訪れる友人の中に…

「千年パズル」を解いた少年がいる!!

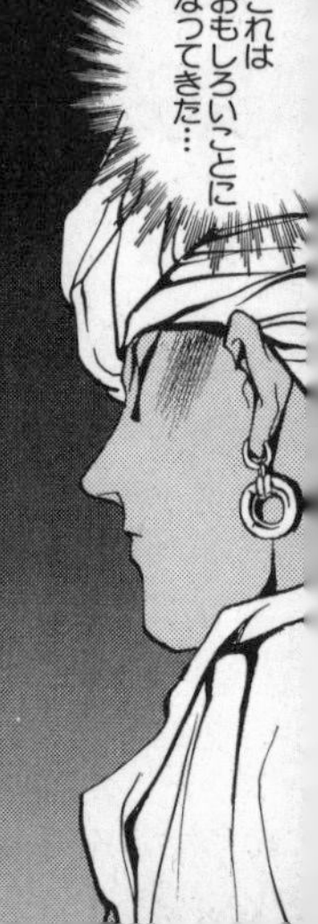

ゴッ

玩弄模様!

ゴゴゴ

フフ もうひとりの遊戯よ…

ゲームの第二幕の始まりだ!!

ドン

おここじゃ!
童実野大学

もうすっかり日が暮れちゃったわね…

なんか夜の学校って気味悪くてキライだぜ〜〜!
まったく城之内はからっきし度胸ないわねェ〜

考古学研究室
着いたゾ

コワい…
城之内さ〜
そんな顔して吉森教授に会ったらよけい落ちこませちゃうよ!

そんじゃまいっちょー明るくいこーぜーみんなー!
久しぶりに教授と こいつをやるかの…
美術館の話はなるべくよそーね!

そーだよね!教授きっと館長さんの件で 気が滅入ってるハズだもん!
おーしわかった!

ちわ〜っス!
ガラ☆

吉森教授!
おじゃましまーす!

教授…おそくなりまして…

やあよく来たね――!
ニコッ

さあ入って入って!入って入って…
失礼しまーす!

君たちが来るのを待ちわびていたんだ
フフフ…
フフ…
なんか…意外と明るいじゃん!
うん…
教授ーッこれみやげっス〜〜〜!
ホラ…この前美術館でいろいろ世話に…
アホ!
美術館の話は早いっつーの!
ヒマッタ!

そうそう…
美術館でねぇ〜

スマン〜〜

アホ!

殺されちゃったね――

館長さん!

ヒヒ…

!!

え!?

え…

ぐ…
シャーディー!!
私の…「人形」の失礼を許してくれたまえ……

く…
城之内くん!
吉森教授に一体何が起こったんだ…!
まさか…シャーディーが……!
シャーディー 吉森教授に何をしたんだーっ!
わはは
私の仮説が正しければ…
そうすれば会えると思ったのだ…

2 牙を持つカード(完)

■ジャンプ・コミックス

遊☆戯☆王

2 牙を持つカード

1997年5月6日　第1刷発行
1999年2月20日　第12刷発行

著者　高橋和希

編集　ホーム社
東京都千代田区一ツ橋2丁目5番10号
〒101-8050
電話　東京　03(5211)2651

発行人　山下秀樹

発行所　株式会社　集英社
東京都千代田区一ツ橋2丁目5番10号
〒101-8050
03(3230)6233(編集)
電話　東京　03(3230)6191(販売)
03(3230)6076(制作)
Printed in Japan

印刷所　大日本印刷株式会社

ISBN4-08-872312-0 C9979